AF473189

LETTRES

A UN

ÉLECTEUR DE CAMPAGNE.

EXTRAIT

DU

MESSAGER,

JOURNAL DES PRINCIPES CONSTITUTIONNELS.

NUMÉROS DES 6, 8, 10, 12, 14, 16 ET 18 FÉVRIER 1839.

PRIX : 75 CENTIMES.

PARIS,
AU BUREAU DU MESSAGER,
RUE COQ-HÉRON, 8.

1839.

Cette publication s'adresse à la classe des électeurs qui n'ont pas le loisir de suivre en détail la discussion des questions politiques, telle qu'elle a lieu à la tribune nationale et dans les journaux.

Dans les temps ordinaires, la connaissance générale et superficielle qu'ils ont des affaires publiques, et leur bon sens, suffisent à l'accomplissement de leur mission.

Mais aujourd'hui, que le gouvernement représentatif est lui-même en question, il nous a paru nécessaire que tous les électeurs, qui sont les juges de ce grand procès, en eussent, autant que possible, les pièces sous les yeux.

Les lettres qui suivent sont un exposé simple et véridique de la situation.

Les principes de notre gouvernement et la fausse application qui en est faite depuis un certain temps par le pouvoir, y sont nettement expliqués.

Tout dans ce travail ayant été sacrifié à la clarté, les esprits les plus étrangers à la langue et aux théories politiques, y trouveront des démonstrations précises, bien qu'élémentaires, et des notions qu'il leur sera facile de s'approprier.

LETTRES

A UN ÉLECTEUR DE CAMPAGNE.

LETTRE Ire.

Vous me demandez, mon cher Monsieur, pourquoi la chambre que vous avez nommée en 1837 et qui avait paru à tout le monde représenter assez bien *les idées de la nation*, a été tout d'un coup renvoyée après quinze mois d'existence.

Vous me dites que la mesure vous est expliquée de deux manières :

Les uns assurent qu'il s'agit de recommencer quelque chose de pareil à ce que Charles X a essayé en 1830, et ceux-là regardent nos droits comme menacés;

D'autres prétendent au contraire que l'on veut faire violence au roi et le forcer de *se démettre en faveur de M. Dupin* qui, en sa qualité de président de la chambre, aurait la haute main sur toutes les affaires.

Avant de croire à l'une ou à l'autre de ces versions, qui vous paraissent toutes deux assez extraordinaires, vous me consultez pour savoir ce qu'il faut en penser, et vous me priez de vous éclairer.

Ma première idée avait été de vous renvoyer aux journaux qui sont les meilleurs professeurs que l'on puisse trouver pour instruire les gens dans la politique; mais je réfléchis que la difficulté sur laquelle, en votre qualité d'électeur, vous allez avoir à prononcer, est déjà fort ancienne, et si, comme je le pense, vous n'avez pas suivi tous les développemens de la discussion dans laquelle les feuilles publiques sont entrées à son sujet, vous auriez quelque peine à vous faire aujourd'hui, d'après elles, une idée parfaitement exacte de la situation des choses. Des explications spécialement à votre usage me paraissent nécessaires, et vous me voyez prêt à vous les donner.

J'exigerai seulement, en retour du soin que je prendrai, une promesse de votre part ; c'est que vous remplirez auprès de vos voisins et amis le rôle que je vais remplir auprès de vous, et que vous leur communiquerez le peu de lumières que je suis en état de vous procurer sur la marche du gouvernement : vous voyez qu'il s'agit d'organiser une espèce d'enseignement mutuel dont je vous fais le moniteur et qui sera certainement très utile au triomphe de la bonne cause ; de mon autorité privée, je vous nomme dans votre commune instituteur primaire pour la politique et, pour peu que vous me prêtiez attention, je suis convaincu que vous vous acquitterez très bien de ce petit professorat.

La première condition pour apprendre une chose, c'est de n'avoir à son sujet aucune idée fausse ; je commencerai donc, avant d'essayer de vous mettre au fait de la question que vous aurez à juger le 2 mars prochain, jour fixé pour la réunion des colléges électoraux, par donner un démenti à l'un et à l'autre des commentaires qui vous ont été faits sur la dissolution.

Il n'est pas vrai, d'abord, que les folies de 1830 soient prêtes à se reproduire, et que le roi ait la pensée d'attenter aux libertés de la nation. La Charte lui confère le droit de dissoudre la chambre toutes et quantes fois il le juge convenable, sans lui imposer à ce sujet aucune condition spéciale. Ainsi, en renvoyant les chambres, le roi n'a porté aucune atteinte à la constitution. Une chose même doit rassurer les bons citoyens, c'est qu'il a été dit dans les journaux ministériels, que si la chambre que vous allez nommer voulait la même chose que celle qu'on vient de dissoudre, le roi reconnaîtrait qu'il a été trompé sur le vœu du pays, et s'y conformerait.

Personne ne doute ici de la réalisation de cette promesse : d'abord, parce que le roi est honnête homme, et ensuite parce qu'ayant une grande expérience des affaires publiques et l'exemple des Bourbons de la branche déchue, il ne voudrait pas pousser les choses à une extrémité qui pourrait nous conduire à une révolution.

Vous me direz à cela que la dissolution vous paraît néanmoins une mesure fâcheuse ; que le moment est mal choisi pour donner au pays la fièvre d'élection, quand on aurait, au lieu de cela, à s'occuper des chemins de fer, qui doivent faire tant de bien au commerce ; à réduire la rente, ce qui augmenterait l'aisance des départemens et diminuerait les impôts ; à assurer l'existence des manufactures de sucre de betterave, qui ne sont pas sans quelques craintes pour leur avenir. Vous ajouterez même, comme vous le faites avec une grande justesse d'observation, qu'il vous semble peu prudent de mettre toute la France en mouvement dans une année où la cherté des grains a été cause de troubles sur plusieurs points du territoire, et quand le gouvernement, dans l'intérêt de la tranquillité publique, a été obligé de défendre les exportations, ce qui est un notable préjudice apporté à la situation des agriculteurs.

Toutes ces remarques sont parfaitement sages ; mais de ce qu'on s'est trompé en décidant une mesure, il ne s'ensuit pas qu'on n'eût pas le droit de la prendre et que l'on pense à nous priver de nos libertés. Dites donc hardiment à ceux qui parlent de la dissolution en ce sens, qu'ils font fort mal à propos les habiles, car personne ici, même les républicains, n'a vu la question par ce côté ; tout le monde a dit que le roi usait de son droit, et seulement qu'il avait été mal conseillé par ses ministres, ainsi que vous le pressentez.

Quant à ceux qui prétendent qu'on veut déposséder le roi de sa couronne et faire passer le gouvernement dans la chambre des députés, ce sont également, et dans un autre sens, des calomniateurs.

Pour vous faire bien comprendre que c'est là une calomnie, j'aurai à vous expliquer à fond ce que désirent et poursuivent les membres de l'opposition ; mais en attendant et provisoirement, par la considération des noms qui marchent à la tête de cette opposition, vous pourrez décider s'il y a quelque chose de vraisemblable dans l'accusation que l'on porte contre elle.

Il faut donc que vous sachiez que les principaux membres du parti qui veut changer la marche des affaires sont MM. Thiers et Guizot, deux hommes, vous ne pouvez pas l'ignorer, qui ont tout fait pour défendre la royauté quand on l'attaquait par les émeutes et les révoltes à main armée ; ce sont encore MM. Périer, frères de Casimir Périer qu'on n'a jamais soupçonné, je crois, d'être un révolutionnaire ; MM. Passy, Sauzet, de Broglie, Pelet (de la Lozère), d'Argout, Humann, Persil, Duchâtel, tous anciens ministres du roi. A ces noms il faut ajouter celui de M. Dupin, qui passe pour être l'ami particulier de Louis-Philippe ; le nom du maréchal Soult, que Sa Majesté a fait venir il n'y a pas trois semaines encore, pour essayer avec lui de faire un ministère ; celui de M. Odillon Barrot, qui bien que n'ayant pas cessé d'être dans l'opposition, a cependant la réputation d'être un homme des plus énergiquement dévoué à la royauté fondée en 1830. Vous conviendrez avec moi que voilà une singulière liste de révolutionnaires, et que leurs antécédens donnent bien un démenti à toutes les idées qu'on peut leur prêter dans ce sens.

Si je vous nommais tous les autres hommes politiques qui partagent leurs idées, vous verriez que ce sont gens de la même nuance, et qui ont toujours marché avec eux; il faut donc qu'il y ait à leur opposition un autre but que celui de faire du tort au roi et à sa couronne. Ce but, encore une fois, je vous le dirai clairement; mais pour que vous le saisissiez bien, il faut que je vous explique d'abord à fond le mécanisme du gouvernement qui nous régit.

Et n'allez pas vous imaginer que je reprenne les choses de trop loin, et que vous deviez vous soucier peu de ces notions élémentaires. Je vous assure qu'à Paris même, et parmi les habiles qui se croient très au courant des questions politiques, il se trouve un très grand nombre de personnes qui ont des idées très imparfaites et très inexactes touchant l'esprit de nos institutions. Vous devrez même, sur cette matière, me prêter une attention particulière, car le sujet est naturellement un peu abstrait. Vous trouverez bon aussi que je le renvoie à ma prochaine lettre, attendu qu'il nous conduirait trop loin aujourd'hui.

LETTRE II.

Nous sommes convenus, mon cher Monsieur, que je tâcherais de vous faire comprendre le mécanisme essentiel de notre forme de gouvernement : je commence sans plus de préambule.

Le gouvernement sous lequel nous vivons est une monarchie représentative.

Par le mot de monarchie on entend, en France, un état gouverné par un seul homme qui porte le nom de roi, et qui transmet en mourant la couronne à l'aîné de ses fils, ou, à défaut d'enfans mâles, à son plus proche parent.

Mais à ce mot de *monarchie*, en ajoutant la qualification de *représentative*, vous changez aussitôt l'idée. Vous indiquez par là que le roi n'est plus seul à gouverner ; que le pays a le droit de se mêler avec lui de la direction des affaires ; et comme le peuple tout entier ne pourrait ainsi prendre part au gouvernement, il le fait indirectement en nommant un certain nombre de personnes auxquelles il passe procuration. Ces personnes sont ses mandataires, ses représentans, ses *députés,* comme nous les appelons et comme vous les choisirez le 2 mars prochain.

Indépendamment des *députés,* il y a d'autres représentans du pays que l'on appelle *pairs*, et qui sont à peu près ce qu'était le *sénat* du temps de l'empereur.

Les pairs ne sont qu'indirectement les représentans de la nation, car ce n'est pas elle qui les nomme; ils sont choisis par le roi dans une classe de citoyens à part, qui se trouvent dans de certaines conditions fixées d'avance par une loi.

Voilà, je crois, la distinction que l'on peut faire entre les pairs et les députés : les pairs sont chargés par le roi de représenter le pays, les députés en sont chargés par le pays lui-même; on voit que cela est bien différent.

Le roi, la chambre des pairs et la chambre des députés forment donc le gouvernement. Aucune loi, aucune délibération de quelque importance ne peut être arrêtée sans que tous les trois y aient consenti après l'avoir délibérée en commun.

Je me trompe : le roi ne délibère pas avec les chambres; au moins immédiatement.

Il y a dans la charte un article qui dit que *la personne du roi est inviolable et sacrée*, c'est-à-dire que, même fît-il mal, on ne pourrait lui demander compte de ses fautes et le punir. On a voulu que le roi fût pour la nation comme un père que l'on doit respecter même dans ses erreurs.

Cependant, comme il y aurait eu quelque chose d'étrange et de dangereux à reconnaître dans un gouvernement où tout le monde a le droit de dire son avis, quelqu'un qui, d'après la loi, aurait toujours raison, on s'est avisé d'un arrangement.

On a décidé que le roi aurait de son côté des représentans auprès du pays. Ces représentans sont les ministres; ils parlent pour lui, agissent pour lui, mais aussi répondent pour lui dans le cas où quelque faute lui échapperait.

Ainsi donc les lois et toutes les grandes décisions qui intéressent le sort de l'état sont délibérées par le roi, représenté en la personne de ses ministres, par la chambre des pairs et par la chambre des députés.

Rien de plus simple et de plus facile quand ces trois autorités, qu'on appelle dans la langue politique les *trois pouvoirs*, se trouvent d'accord sur les mesures à prendre; mais souvent il peut arriver qu'ils soient d'avis différens : ce que veut la chambre des députés, la chambre des pairs ou le roi peuvent ne pas le vouloir et réciproquement ; alors comment se décider et qui en définitive l'emportera ?

La charte ne semble pas avoir prévu ce cas ; car rien n'y est dit à ce sujet : nous voilà donc dans un grand embarras.

Mais il se trouve que la chambre des députés, par un article de cette charte qui nous paraît si mal à propos silencieuse sur un cas grave, a été revêtue d'un droit particulier, d'un droit lui appartenant à l'exclusion des deux autres pouvoirs, et il pourrait bien arriver que ce droit suffît, en fin de cause, à lui donner raison contre la royauté et la chambre des pairs, fussent-elles toutes deux d'un avis différent du sien.

Ce droit est celui-ci : Toute loi établissant un impôt, c'est-à-dire demandant de l'argent pour subvenir aux besoins de l'état, doit être d'abord votée par la chambre des députés.

Il suit de là, comme l'a très bien dit M. Dupin, président de la chambre qui vient d'être renvoyée, que les députés *tiennent les cordons de la bourse*, et qu'au moyen du refus de voter l'impôt, ils pourront toujours amener les autres pouvoirs de l'état à faire ce qu'ils veulent, en les prenant par la famine.

Vous comprenez facilement que c'est là un moyen extrême dont il n'est pas convenable qu'ils usent souvent ; car, suspendre l'impôt, c'est suspendre le gouvernement. Ils doivent donc éviter autant que possible d'en venir à cette extrémité, comme de leur côté les deux autres pouvoirs doivent tout faire pour ne pas les y pousser. J'ajouterai même qu'on sent assez la gravité de ce moyen, car on n'en a jamais usé depuis que nous avons en France un gouvernement représentatif ; on s'est toujours arrangé avant qu'il ne fût nécessaire de l'employer.

Mais raisonnant en théorie et recherchant lequel des trois pouvoirs a le droit de parler le plus haut et d'espérer qu'on lui cédera en cas de difficultés sérieuses, nous pouvons dire que ce pouvoir est la chambre des députés, puisque c'est à elle qu'il faut s'adresser d'abord quand on a besoin d'argent, et qu'elle peut, en empêchant cet argent d'arriver au trésor public, mettre le gouvernement en interdit.

Indépendamment de cette raison du plus fort, il y a une autre raison de raisonnement, si je puis parler ainsi, qui doit décider encore pour la chambre des députés.

Quand le roi a été élu par la nation, quand ensuite, en vertu du droit que la nation lui avait transmis, il a choisi les représentans que nous avons appelés *pairs*, il n'avait reçu et n'avait conféré qu'un mandat général pour gouverner, sans qu'on y eût prévu toutes les questions qui pouvaient se présenter.

Au contraire, les députés étant élus tous les cinq ans au moins par les électeurs avec lesquels ils communiquent directement, reçoivent une sorte de communication spéciale sur toutes les matières qui peuvent être débattues durant cet espace de cinq ans; leur mandat, pour ainsi dire, est plus frais, plus circonstancié, mieux expliqué que celui des deux autres pouvoirs; ils peuvent dire : Je veux cela parce que j'ai vu récemment le pays, et que le pays m'a déclaré le vouloir ainsi. C'est là, on conviendra, une grande raison de s'en référer en fin de cause à leur avis.

Eh bien! pour sortir de ces généralités et en arriver à l'exposé des difficultés qui, se rencontrant en ce moment, ont fini par amener cette dissolution dont vous vous êtes étonné, je vous dirai que les principes qui viennent d'être par moi exposés, et qu'on ne peut raisonnablement combattre, souffrent depuis quelque temps de grandes contradictions.

Nous disons, nous, que la chambre des députés, qui est le pays en petit, doit être prépondérante dans la politique, et nous en donnons une raison bien concluante, c'est que cela est, les cordons de la bourse se trouvant, comme vous l'avez vu, entre ses mains.

On nous répond qu'il est possible que cela soit, mais que cela ne doit pas être. On nous dit, par suite de la confusion que l'on fait entre les monarchies d'autrefois et les monarchies d'aujourd'hui, qu'on ne comprend pas une autre prépondérance que celle de la royauté; qu'on ne se figure pas un roi qui ne soit pas le maître chez lui et qui doive céder.

Quant à la faculté de refuser l'impôt, on ne nie pas que la chambre des députés ne la possède, mais on soutient qu'elle n'a pas le *droit* d'en user, et qu'elle doit la garder toujours dans le fourreau, à peu près comme un suisse de paroissse fait de son épée.

Si vous donnez à la chambre des députés tant de puissance, continue-t-on, elle finira par être seule maîtresse; et on arrive à cette absurde conclusion que la charte ayant voulu en faire le pouvoir le plus fort, il faut, pour la tranquillité de quelques esprits malades, en faire le pouvoir le plus faible. Ces ridicules idées ont naturellement amené de grandes discussions dans les journaux, et l'opinion publique a commencé à beaucoup s'en occuper.

Elle s'en est émue d'autant plus, que ces doctrines, qui d'abord avaient commencé à se glisser honteusement dans quelques brochures, ont fini par trouver entrée dans les journaux rédigés sous l'influence du ministère. On a su ensuite qu'elles étaient hautement favorisées par un grand nombre de personnes qui ont des fonctions ou un accès journalier auprès du roi.

Un fait très grave a surtout été révélé. On a su qu'un des écrivains les plus ardens à soutenir la suprématie royale dans les affaires, ayant rédigé sur cette matière six articles de journal des plus énergiques, M. de Montalivet, qui était alors intendant de la liste civile, c'est à dire ministre des affaires privées de S. M., et qui est aujourd'hui ministre de l'intérieur, avait engagé par écrit cet auteur à réunir ses articles en brochure, lui promettant d'en faire prendre 500 exemplaires au compte des finances royales : encouragement politique et littéraire assez imprudemment placé, vous en conviendrez. Toutes ces choses, vous le concevez, ne devaient guère plaire aux citoyens amis de nos institutions.

Voilà le raisonnement que l'on se faisait :

Le roi est prudent et honnête, il a juré la charte ; donc il veut la maintenir ; d'autant mieux que les chartes ont en elles-mêmes une force de résistance, et qu'elles jettent d'ordinaire un mauvais sort sur ceux qui ne les traitent pas avec tout le respect possible.

Mais en même temps le roi est homme et il peut être trompé. A force d'entendre répéter autour de lui qu'il n'a pas son compte de pouvoir et qu'on lui en dérobe une partie, il peut être influencé par ces paroles ; et ensuite de cet entraînement naturel qu'ont toujours les autorités à prendre plutôt sur le champ du voisin qu'à rester dans leurs limites, il pourrait être conduit à vouloir empiéter sur le droit que le pays a conquis depuis la révolution de 1789 de se mêler des affaires.

Ce danger, quelque lointain et quelque improbable qu'il fût, a fait que chacun a regardé plus attentivement à la marche des choses, et il faut convenir qu'on y a trouvé plus de raisons de s'inquiéter encore que de raisons de se rassurer.

Tous les faits que je viens de vous dire se passaient à côté du gouvernement plutôt que dans le gouvernement ; mais des symptômes également graves ont fini par se manifester jusque dans le maniement des affaires publiques et ont beaucoup augmenté l'anxiété et l'irritation.

L'histoire de ces symptômes, je vous la ferai dans une prochaine lettre, car ils remontent à plusieurs années, et il faut quelques développemens pour les exposer.

LETTRE III.

Je vous ai expliqué, mon cher Monsieur, comment, pour faire marcher de front *l'inviolabilité* du roi avec le droit qu'a le pays de contrôler les actes du gouvernement, des intermédiaires avaient été établis entre le trône et les chambres sous le nom de ministres.

Je vous ai dit que ces ministres agissaient pour le roi, parlaient pour le roi, répondaient pour le roi.

De là une conséquence toute naturelle, c'est que le roi sur toutes les mesures à prendre, doit déférer à leur avis ou les changer, comme il en a d'ailleurs le droit, toutes les fois que cela lui plaît.

Vous comprenez, en effet, qu'il seroit absurde de supposer des hommes ayant des idées politiques à eux et appliquant les idées d'un autre, et venant ensuite répondre de ces idées qui seraient le contraire des leurs et qu'ils auraient combattues.

Des hommes qui accepteraient un pareil arrangement, perdraient bientôt toute considération; on aurait d'eux l'opinion que l'on a dans le monde d'un individu qui se laisse être le père des enfans qu'il n'a pas faits.

On peut se livrer à une autre supposition : on peut admettre qu'il se trouve des hommes n'ayant de volonté ni dans un sens ni dans un autre, et prenant leurs idées toutes faites de la main du roi.

Mais alors il y a deux inconvéniens à cet arrangement:

Le premier c'est que ces hommes sont de mauvais ministres, car tout homme qui n'a pas d'idées politiques ne doit pas se mêler des affaires publiques et encore moins prétendre à les diriger.

L'autre inconvénient c'est que le blâme qu'il est permis à tout citoyen d'exprimer contre les ministres au lieu d'aller à leur adresse seule, irait à l'adresse de la royauté. Quand on leur dirait vous avez pris une mesure mauvaise, vous gaspillez les finances de l'Etat, vous vous faites haïr et mépriser par le pays, ce serait comme si l'on disait ces choses au roi dont la personne ne serait plus alors *inviolable et sacrée.*

Consentons à croire l'impossible, imaginons que le roi ne se soucie pas de ces reproches venant jusqu'à lui et qu'il dise comme disait un ministre du temps de la vieille monarchie : *laissons les crier pourvu qu'ils paient.* Le mal ne s'arrêterait pas là, non seulement le roi deviendrait impopulaire, mais il arriverait que les chambres rejetteraient une à une toutes les lois et mesures qui leur seraient présentées à l'encontre de leurs idées, ce qui ferait le plus grand tort aux affaires, puis enfin, poussées à la dernière extrémité, elles refuseraient de voter la loi d'impôt ou budget, et, comme je vous l'ai dit déjà, suspendraient ainsi le gouvernement.

Voulez-vous vous enfoncer plus loin dans l'impossible, et croire que l'on voudra gouverner sans que l'impôt ait été voté par les chambres : alors il n'y a plus de charte, plus de représentation nationale, alors le roi est seul à seul vis-à-vis du peuple irrité, alors nous avons 1830, les barricades et Charles X conduit à Cherbourg, en un mot une révolution.

Les hommes qui veulent faire passer la volonté du roi avant celle des chambres, et qui lui désirent des ministres se faisant les complices de cette mauvaise tendance, ces hommes, disais-je, savent très bien qu'avec leurs idées on pourra en dernier état de cause arriver à ce dénoûment dangereux d'une révolution ; mais ils ne vous laissent pas tirer toutes les conséquences de leur système, ils vous arrêtent en chemin, et vous font un argument qu'ils croient très fort, et qui en effet peut embarrasser les esprits qui ne se rendent pas compte de tout.

Ils vous disent : vous convenez vous-mêmes que nous vivons sous une monarchie. Qui dit monarchie, dit un roi. Or, qu'est-ce donc que sera ce roi qui ne pourra imposer sa volonté ni aux chambres, ni même à ses ministres. Ce sera un roi de théâtre, un roi avec une couronne de papier doré et un sceptre de carton.

A cela nous répondons que si le roi est un homme sans capacité et sans idées politiques, comme cela peut arriver dans un état où la couronne se transmet de père en fils, il n'y a pas d'inconvéniens à ce qu'il ne se mêle de rien. C'est même là ce qui fait une des principales beautés des monarchies représentatives : c'est qu'on peut s'y passer d'un roi habile, même d'un roi honnête homme. Si ce malheur arrivait, comme le pays a le droit de faire ses affaires et qu'il est le plus fort, il saurait toujours bien remédier légalement à l'incapacité ou aux mauvaises intentions de la royauté, ce qui est impossible dans les gouvernemens absolus, c'est-à-dire dans ceux où le roi gouverne tout seul, et où on n'a que les ressources des révolutions.

Si au contraire le roi est capable et honnête homme comme celui que nous avons, il a tous moyens de se mêler aux affaires.

Par sa capacité il démêlera ce qui convient le mieux au pays, et par cette même capacité il saura le persuader à ses ministres qui, à leur tour, le persuaderont à la représentation nationale.

S'il ne peut pas persuader ses ministres il les renverra, comme la charte lui en accorde le droit.

S'il ne peut, ou plutôt si les ministres parlant pour lui ne peuvent persuader les chambres il a vis à vis de celles-ci deux moyens, il nommera de nouveaux pairs qui changeront l'esprit dans la chambre inamovible, c'est-à-dire nommée à vie, ou dissoudra comme on vient de le faire la chambre temporaire, dite des députés.

Le sens de la dissolution sera celui-ci : le roi dira au pays qui a passé procuration aux électeurs : les députés assurent que vous voulez telle chose, cette chose me paraissant mauvaise, je ne puis croire que vous la vouliez, pensez-y donc bien et envoyez-moi des députés qui me confirment votre volonté. Si vous y persistez, c'est moi qui aurai eu tort, et je reviendrai à votre avis.

Si même par impossible le roi avait quelque raison de croire que les électeurs ont été trompés et qu'ils ont décidé avec trop de précipitation, il aurait une dernière ressource, celle de dissoudre la chambre qui aurait été nouvellement nommée. Il est bien vrai que c'est là un moyen extrême, comme celui de refuser le budget, et dont il ne serait pas bon d'user souvent, car il est peu probable que le roi, se trouvant seul contre tout le pays, eût la raison de son côté. Mais enfin, s'il en était intimement convaincu, il pourrait faire dissolution sur dissolution : son droit à cet égard est formel et la charte ne s'y oppose pas.

On voit qu'avec de pareils moyens donnés par la loi, le roi a de quoi se défendre contre l'oppression de la représentation nationale, et que ce n'est pas un roi de théâtre : mais il a encore d'autres ressources qui, pour être moins directes, n'en sont pas moins à considérer.

Permettez-moi une comparaison.

Quand dans vos campagnes il se trouve un gros propriétaire qui a beaucoup de fortune, qui peut donner du travail à beaucoup de gens, et que l'on sait instruit parce qu'il a fait d'excellentes études, si ce propriétaire se trouve d'un avis, ne voyez-vous pas aussitôt un grand nombre de personnes disposées à lui donner raison?

Eh bien! il en est de même du roi, comme il est par le fait le plus riche propriétaire du royaume, comme il peut distribuer à son gré des titres, des places, des décorations, comme on sait d'ailleurs qu'il s'est beaucoup *par état* occupé des affaires de gouvernement, et qu'après le pays personne n'a plus que lui intérêt à une bonne administration, il a plus de chances que tout autre auprès des chambres pour faire triompher les idées qu'il croit bonnes, et pour le contredire il faut qu'il se rencontre des hommes bien convaincus de son erreur.

Disons donc qu'il est absurde de prétendre que le roi soit supprimé par l'opinion de ceux qui demandent la prépondérance de la représentation nationale, disons qu'il a tous les moyens d'agir par la persuasion, qu'il est dans l'état un pouvoir comme la chambre des pairs et comme la chambre des députés, mais que cette dernière tenant, comme on ne saurait trop le répéter, les cordons de la bourse, et ayant un mandat spécial du pays presque sur chaque question, elle est le pouvoir le plus fort et celui qui doit l'emporter.

Maintenant, venons aux ministres qui, comme vous le verrez, jouent un grand rôle dans l'affaire de la dissolution récente sur laquelle vous m'avez consulté.

Je vous ai dit qu'ils étaient les représentans du roi auprès du pays. La première chose est donc qu'ils s'entendent avec le roi. S'ils ne peuvent s'entendre avec lui, leur dignité veut qu'ils se retirent, et en cela ils feront d'autant plus sagement, que le roi, s'ils ne s'en allaient d'eux-mêmes, les changerait.

Mais ce n'est pas tout que de s'entendre avec le roi, il faut, avant tout, qu'ils s'entendent avec les chambres, auxquelles ils proposent les lois et les mesures d'administration publique, car, sans cela, les chambres rejettent leurs lois et leurs mesures, et les affaires se trouvent interrompues.

Aussi, que fait le roi en général? Quoiqu'il puisse prendre ses ministres partout où il le veut, quoiqu'il lui fût permis légalement de faire un caporal ministre de la guerre, il y a une règle de convenance dont il ne s'écarte pas ordinairement.

Il choisit ses ministres dans l'opinion qui réunit le plus de voix dans les chambres, et dans cette opinion il va chercher les hommes les plus capables et ceux qui exercent le plus d'influence, faisant ce calcul bien simple : que les opinions et les hommes qui n'étant pas au ministère avaient le plus de voix avec eux, auront le plus de voix quand ils gèreront les affaires, et par conséquent le plus de moyens de faire adopter leurs idées. C'est ce qu'on appelle marcher avec la majorité.

Si le roi, les ministres et la majorité des chambres s'entendent bien, ceci est le suprême degré de l'harmonie représentative et tout va le mieux du monde.

Mais je suppose que le roi cesse d'être de l'avis de ses ministres, alors, comme je l'ai dit, il peut leur donner leur congé; toutefois en se séparant d'eux, il faut qu'il prenne garde à la majorité des chambres ; car, vous vous le rappelez, c'est elle qui doit avoir raison à la fin de toute discussion, et si les ministres nouveaux qu'il nommait n'avaient pas la majorité, ce serait un embarras inutile que le roi se serait donné.

Supposons, au contraire, que les ministres, continuant d'être en bonne harmonie avec le roi, cessent d'être appuyés par les représentans du pays, alors, non-seulement il *peut*, mais il *doit* les changer ; car la grande affaire n'est pas pour lui de s'entendre avec tel ou tel ministre, mais de s'entendre avec la majorité qui est un pouvoir plus fort que le sien. Il pourra bien pendant quelque temps, au moyen de la dissolution, ajourner le devoir qu'il a de mettre en harmonie son ministère, avec la volonté des chambres. Mais si la majorité revient la même, il faudra qu'il sacrifie les ministres dont il veut, et dont les chambres ne veulent pas : ce n'est qu'une difficulté ajournée.

Il suit de là que l'harmonie du roi avec ses ministres est une chose bonne et convenable, mais que leur harmonie avec les chambres est une nécessité. Il suit de là qu'on pourrait comprendre des ministres s'entendant mal avec le roi et cependant restant ministres, parce qu'ils sont en harmonie avec la majorité des chambres, mais qu'on ne pourrait comprendre des ministres s'entendant mal avec la représentation nationale et gardant le pouvoir, parce que le roi étant un pouvoir plus faible et la représentation nationale un pouvoir plus fort, c'est avec le pouvoir le plus fort que leur bonne intelligence doit surtout exister.

Ces principes, dont la vérité est rigoureuse et inattaquable, et qui constituent ce que les hommes politiques appellent les conditions du gouvernement représentatif, je vous engage à les méditer et à bien vous en pénétrer, car c'est de leur violation qu'est née la crise dont j'ai maintenant à vous faire l'historique. Je vous avais annoncé les détails de cette crise pour la présente lettre, mais je les ajourne au prochain courrier, les explications que je viens de vous donner m'ayant paru, par réflexion, indispensables et ayant pris toute la place.

LETTRE IV.

La crise politique par suite de laquelle vous allez être appelé à donner votre vote électoral remonte, comme je vous l'ai déjà dit, mon cher Monsieur, à plusieurs années.

Au 6 septembre 1836, lorsque déjà le parti qui veut, contrairement à la charte, que le roi soit plus fort que les chambres, avait commencé à jeter ses idées dans quelques brochures, une difficulté survint entre le roi et son ministère, dont M. Thiers se trouvait alors le chef.

La reine d'Espagne, qui est une reine constitutionnelle comme Louis-Philippe, se trouvant attaquée par son oncle don Carlos, qui a soulevé dans le pays une guerre civile pour s'emparer du trône et établir un gouvernement absolu, M. Thiers et ses collègues voulaient lui porter secours. Cela paraissait d'autant plus juste et plus naturel que nous nous étions engagés par un traité d'alliance à soutenir la reine contre tous ses ennemis.

Le roi craignit que s'il laissait des Français aller se battre en Espagne, il ne s'ensuivît bientôt une guerre avec les autres souverains absolus de l'Europe, qui sont pour don Carlos ; il pensa donc qu'il valait mieux, au risque de compromettre le trône de la reine d'Espagne, notre alliée, laisser les Espagnols se battre entre eux. Alors, le ministère dont M. Thiers était le président, voyant qu'il n'était pas de l'avis du roi, donna sa démission et se retira.

La nécessité où le ministère s'était trouvé de quitter les affaires était d'autant plus fâcheuse qu'il gouvernait très-sagement et était fortement appuyé par la majorité des deux chambres.

Comme cela se passait après que leur session était finie et pendant qu'elles n'étaient pas assemblées, personne ne put dire si elles approuvaient ou désapprouvaient le renvoi des ministres ; il était cependant très-naturel de croire que ce changement du ministère ne devait pas leur plaire beaucoup, puisque jusqu'au moment de se séparer elles avaient adhéré à sa politique; aussi le nouveau ministère fut-il assez mal accueilli.

Comme ce nouveau ministère, qui ne savait pas encore comment les chambres le prendraient, était faible et hésitant, cela donna courage aux partisans des idées de monarchie exagérée dont je vous ai déjà parlé et que j'appellerai dorénavant le parti ultrà, comme on appelait sous la restauration ceux qui voulaient être plus royalistes que le roi, et qui ont été cause de 1830.

Ce qui s'était dit jusque-là par intervalles dans des brochures qu'on ne lisait guère, quoique M. de Montalivet, comme vous l'avez vu, les achetât par 500 exemplaires, se répéta bientôt tous les jours dans plusieurs journaux : en même temps on fit de grandes calomnies contre M. Thiers et ceux qui pensaient comme lui, soutenant que c'était manquer de respect au roi que d'oser être d'un autre avis que le sien; assurément c'était là oublier l'esprit de notre gouvernement où chacun doit avoir son franc parler sur les affaires ; c'était revenir aux idées des gouvernemens absolus.

La chambre des députés qu'on tâche toujours à nous représenter comme voulant empiéter sur les droits du roi, ne se montra pas cependant fort difficile dans cette circonstance. Quoiqu'elle eût approuvé le ministère qu'elle avait laissé aux affaires au moment où la session finissait, elle approuva également celui que le roi avait pris pendant son absence et qui marchait dans un sens bien différent. D'ailleurs, ce dernier ministère se trouvait installé, on ne pouvait tous les trois mois en avoir un nouveau, il obtint donc la majorité.

Il l'obtint bien plus encore dans la chambre des pairs qui, étant nommée par le roi, est assez disposée à approuver tout ce qu'il veut, en fait de ministres ou d'autre chose; il arrive cependant quelquefois même à cette chambre de faire de l'opposition.

Mais, quoiqu'ayant obtenu la majorité dans les chambres, le ministère ne put se maintenir long-temps. Etant toujours poussé dans le sens des idées du pouvoir absolu par le parti ultrà, qui se montrait de plus en plus dans les journaux, qui recrutait des adhérens dans les personnes qui approchent le roi, et qui avait même des représentans jusque dans la chambres des députés, il fut obligé de présenter plusieurs lois qui firent le plus mauvais effet.

Dans une de ces lois, on demandait que la nation donnât à l'un des fils du roi ce qu'on appelait dans la vieille monarchie un *apanage*, c'est-à-dire des biens qui deviendraient sa propriété et celle de ses héritiers. Ce retour aux usages d'avant la révolution de 89 déplut beaucoup.

En même temps le ministère, sous le prétexte des tentatives abominables qui avaient été faites contre la vie du roi, présenta tout un système de lois, on peut dire barbares et cruelles qui ne remédiaient en aucune manière aux dangers que pouvait courir le roi, et qui de plus bouleversaient tout le reste de nos lois criminelles. Ces lois, que le parti ultrà soutenait avec une ardeur extraordinaire, furent repoussées par la chambre des députés. Le ministère, voyant qu'il avait eu contre lui cinq voix de majorité, suivit l'usage pratiqué en pareil cas dans tous les gouvernemens représentatifs, et donna sa démission.

Le nouveau ministère qui fut alors nommé est celui que nous possédons aujourd'hui, et que l'on appelle le ministère du 15 avril, parce que sa nomination fut connue le 15 avril 1836 par le journal le *Moniteur*. Mais il est très important qu'avant de vous dire ce que fit ce ministère, je vous dise comment il fut composé.

Cette composition fut ce qu'on peut appeler singulière; car elle était en opposition avec tous les usages reçus.

Le chef ou président du ministère qui s'en allait était M. le comte Molé; il devait donc naturellement, si j'ose m'exprimer ainsi, s'en aller plus que ses collègues; car lorsque l'on donne tort à un ministère, celui qui le dirige doit surtout prendre le compliment pour lui. Cependant M. Molé resta et fut chargé de faire le ministère nouveau. Pour collègues il choisit plusieurs des ministres qui venaient d'être renvoyés avec lui; un député qui s'était très compromis à défendre la loi que la chambre avait rejetée, et qui avait amené la chute du ministère, et enfin M. de Montalivet, celui que vous avez vu prenant 500 exemplaires d'une brochure où on prétendait que le roi devait être plus fort que la chambre des députés, et qui passe d'ailleurs pour n'avoir aucune idée politique à lui et être toujours de l'avis du roi avant même que S. M. n'ait parlé.

Cette composition de ministère n'était pas du tout raisonnable, car c'était presque renvoyer devant la chambre des députés, et s'étant seulement un peu déguisé, le ministère qu'elle venait de faire tomber.

Quant au roi, puisqu'il avait bien voulu du ministère précédent, il devait naturellement assez désirer celui-ci, qui était presque le même, d'autant mieux que M. de Montalivet qu'il charge de gérer ses affaires privées à la liste civile, toutes les fois qu'il n'est pas ministre, et qui par conséquent a toute sa confiance, se trouvait au nombre de ses nouveaux conseillers. Mais le public fit la remarque, en voyant le 15 avril ainsi constitué par M. Molé, qu'on paraissait plutôt avoir regardé à ce qui pouvait plaire au roi qu'à ce qui pouvait plaire à la chambre, puisqu'on lui renvoyait presque le même ministère réchauffé. Or, ceci est contre la règle que je vous ai expliquée et qui veut que le ministère soit surtout du goût de la chambre, puisqu'elle est le pouvoir le plus fort dans l'état.

Autre faute. Je vous ai expliqué que pour qu'un ministère puisse bien faire les affaires, on le prend ordinairement dans l'opinion la plus nombreuse des chambres, et que dans cette opinion on choisit les hommes les plus capables, les plus influens, ceux qui ont la volonté politique la mieux établie, ce que l'on appelle enfin les chefs de la majorité.

Eh bien! dans la composition de son 15 avril, M. Molé ne s'embarrassa nullement de cette convenance. Il prit des hommes de la capacité la plus ordinaire et qui n'étaient les chefs de rien du tout. Il arriva de là que le gouvernement fut mis en quelque façon la tête en bas. Tandis que les députés et les pairs les plus connus par leurs grands talens et par leur éloquence restaient sans emploi, des députés et des pairs inconnus géraient les affaires : c'était positivement l'histoire de Gros-Jean voulant en remontrer à son curé.

De là les inconvéniens les plus fâcheux; de là il arriva que les affaires furent mal faites, d'abord parce que les ministres étaient peu capables et ensuite parce qu'au lieu de diriger, comme doit le faire le gouvernement, les idées de la chambre, ils étaient dirigés par elle.

De là la grande influence que prit sur cette administration faible le parti ultrà; de là le danger, le plus grand de tous, celui de faire reporter à la royauté la responsabilité qui doit rester aux ministres; car, comme on ne leur connaissait aucune idée et aucune volonté à eux, le peu qu'ils en avaient il fallait qu'ils le prissent quelque part. Or, comme on sait le roi extrêmement capable, on pouvait facilement être conduit à croire qu'ils allaient chez lui à l'emprunt, et cette idée de la volonté du roi se marquant dans les affaires est une chose que tout le monde doit combattre, parce qu'elle tend à priver sa *personne sacrée* du privilége de son *inviolabilité* si sagement établi.

Vous voyez donc que, dès sa naissance et par sa composition même, le ministère du 15 avril était une mauvaise combinaison. Nous viendrons, dans ma prochaine lettre, à l'histoire de ses actes, et vous verrez qu'ils sont dignes en tout point de son origine.

LETTRE V.

A vous dire vrai, mon cher Monsieur, les débuts du ministère du 15 avril ne furent ni très maladroits ni très malheureux. Depuis longtemps, au lieu de lois cruelles comme celles que la chambre des députés venait de rejeter, on demandait l'amnistie, c'est-à-dire l'oubli et le pardon général de tous les crimes politiques; on pensait que la clémence ferait plus pour calmer les esprits que de nouvelles sévérités.

Le ministère dont M. Thiers avait été le chef, plus d'un an avant l'époque dont je vous parle, avait eu l'idée de donner cette amnistie et l'avait préparée; le ministère de M. Molé (je parle de son second) trouvant l'idée toute plantée et toute venue, n'eut qu'à faire la moisson. Néanmoins l'idée était si bonne qu'elle procura au 15 avril autant d'honneur que s'il en était le premier auteur. Il fit par là beaucoup de dupes parmi les citoyens les plus honorables, et l'on s'imagina que s'il n'était pas très capable il avait au moins de très bonnes intentions.

Dans la chambre des députés la mesure si sage de l'amnistie fit le même effet que dans le public: on se dit: c'est bien à peu près le même ministère que nous avons forcé tout récemment de quitter les affaires, mais s'il est amendé, s'il veut faire tout le contraire de ce qu'il a fait précédemment, puisqu'il a la confiance du roi, ne le malmenons pas trop.

Et en effet, le second ministère de M. le comte Molé fit d'abord tout le contraire de ce qu'avait fait le premier; il retira plusieurs lois que le parti ultrà avait fort approuvées et dont la chambre ne voulait pas, il annonça qu'il cherchait à tout concilier, promit même, si on ne le trouvait pas assez capable, de prendre avec lui des hommes politiques qui lui donneraient les idées et l'habileté politiques qui lui manquaient: cela joint au mariage du duc d'Orléans qui satisfit beaucoup le pays, fut cause que le 15 avril finit assez tranquillement la session et que tous les partis à peu près lui prêtèrent appui.

Nouvelle preuve que la chambre des députés n'a aucune envie de dominer le roi, et qu'elle fait en général tout ce qu'elle peut pour ne pas contrarier ce qu'elle croit être sa volonté.

La chambre, une fois séparée, le ministère respira plus à l'aise, et au lieu de tenir la promesse qu'il avait faite de s'adjoindre des collègues plus entendus, il resta tel qu'il était. Mais comme il lui était difficile de reparaître devant la même chambre, sans avoir changé quelque chose à sa composition, il la cassa et ordonna de nouvelles élections.

Cette mesure ne fut pas blâmée cependant, car il faut convenir qu'une chambre, qui en moins de dix-huit mois avait approuvé trois ministères de couleurs différentes, avait bien un peu perdu de sa considération. Les élections eurent lieu et elles se firent dans le sens des idées de l'amnistie, dans le sens des idées d'une politique modérée, mais ferme, dans le sens des idées opposées au parti ultrà et qui demandent que la charte, comme l'a dit le roi en montant sur le trône, soit une vérité.

Au commencement le ministère eut la majorité, et voici comment:

Il faut croire que dans notre chambre des députés qu'on représente comme si prête à empiéter sur les autres pouvoirs, il y a pour le gouvernement de grandes facilités, puisqu'encore une fois en dix-huit mois elle approuva trois ministères différens; et, en effet, tout ministre qui arrive, par cela seul qu'il est nommé par le roi, est sûr aussitôt de l'approbation d'un certain nombre de députés qui croient que l'on doit toujours voter pour celui que le roi choisit; il a également pour lui les fonctionnaires publics, qui sont assez nombreux et qui le soutiennent presque tous.

Le ministère fut donc d'abord appuyé par cette classe de députés qu'on pourrait appeler les *omnibus* du pouvoir; puis il trouva moyen de se faire bien venir des députés plus indépendans en prenant une à une les différentes opinions de la chambre, et en leur faisant croire qu'il allait marcher dans le sens de chacune d'elles, ce qui était les tromper toutes, car le gouvernement ne doit et ne peut avoir qu'une opinion. D'ailleurs les premières questions qui se présentèrent n'étaient pas très importantes, et la chambre, étant toute neuve, naturellement hésitait un peu.

Mais une question grave, celle de la réduction de la rente, s'étant présentée, on ne tarda pas à s'apercevoir de l'insuffisance du ministère. Il ne sut dire de quelle opinion il était, il fit des discours vagues, prétendant qu'il trouvait la mesure très bonne, mais qu'il croyait qu'on devait l'ajourner.

Le fond de tout cela, c'est qu'il aurait bien voulu réduire la rente, parce qu'il savait que le pays désirait sa réduction et que la grande majorité des députés avaient reçu mission des électeurs de la demander. Mais le parti ultrà, mais les hommes de cour ne le voulaient pas ; on allait même jusqu'à dire que le roi y était personnellement opposé, chose que nous ne pouvons ni ne devons savoir, puisque, dans un gouvernement constitutionnel, le roi est censé n'avoir pas d'opinion. Mais toujours est-il qu'une force cachée et inconnue entravait la volonté de la chambre des députés, et que le ministère, au lieu de se rendre au vœu du pays, subissait l'influence de cette force.

Dans cette question, la majorité l'abandonna et vota le contraire de ce qu'il demandait.

Dans la question des chemins de fer, même manière pour les ministres de se montrer sans volonté et sans idée arrêtée. Ils avaient présenté un système, la chambre en voulut un autre tout opposé. Le ministère, au lieu de mettre, à soutenir son projet, l'amour-propre que le gouvernement doit apporter au triomphe de ce qu'il croit bon et utile, changea tout ce qu'il avait décidé d'abord, et se mit bravement de l'avis de la chambre des députés, quoiqu'il trouvât cet avis mauvais.

Un ministre qui aurait été jaloux de sa considération aurait mieux aimé se retirer que de faire une chose contre son opinion; mais le 15 avril tenait surtout à garder ses portefeuilles, et il y était encouragé par le parti ultrà, qui savait bien que ses affaires ne seraient jamais si bien conduites par d'autres ministres qui, étant plus capables, auraient été plus difficiles à dominer.

Il se trouva un autre projet de loi sur l'organisation de l'état-major de l'armée, dans la rédaction duquel le parti ultrà et les hommes de la cour avaient fait prévaloir leurs idées. La chambre repoussa cette loi, et le ministère eut positivement la majorité contre lui.

Dans une pareille circonstance, il n'y a pas deux partis à prendre. En Angleterre, où l'on pratique depuis plusieurs siècles le gouvernement représentatif, dès que les ministres ont la majorité contre eux, pour une chose un peu importante, ils se retirent. En France, même sous la restauration, et constamment depuis 1830, tous les ministres, sans exception, qui se sont trouvés dans ce cas, ont donné leur démission, et vous concevez qu'il n'en peut être autrement.

Puisque la chambre des députés, ainsi que je vous l'ai expliqué, est le *maître-pouvoir*, avoir sa confiance est indispensable. Or, refuser à un ministère la majorité, c'est lui déclarer qu'il a perdu votre confiance; s'il reste après cela, il ressemble à un intendant auquel son maître aurait donné son congé et qui voudrait néanmoins gérer ses affaires malgré lui.

Le 15 avril vit autrement la chose, et, contre tous les usages, continua, même après avoir perdu la majorité, à vouloir gouverner.

Cette décision qu'il prit jeta tout le monde dans le dernier étonnement et devint l'objet de tous les commentaires.

En rapprochant en effet cette insouciance que le ministère montrait pour l'approbation ou la non approbation de la chambre de la connaissance que l'on avait d'un parti qui veut abaisser cette chambre et la mettre au-dessous du pouvoir royal, on dut naturellement penser que le ministère était tout-à-fait passé aux idées de ce parti.

C'était déjà avoir mal appliqué les principes du gouvernement représentatif que d'avoir mis à la tête des affaires des hommes aussi peu capables que les ministres; mais c'était les méconnaître tout-à-fait que de garder au pouvoir des hommes qui n'avaient plus la majorité, c'est-à-dire la confiance de la chambre.

C'était dire à celle-ci, on ne se soucie pas de vos votes; pourvu que le roi nous agrée, c'est tout ce qu'il nous faut. Aussi, tandis que tout le monde dans le pays était stupéfait du courage que les ministres mettaient à braver l'opinion de la chambre, le parti ultrà le louait hautement de ce qu'il ne s'en allait pas, et l'encourageait à persister, car c'était l'application de la doctrine que ce parti avait toujours prêchée touchant la prépondérance royale dans les affaires.

Ceci nous mena jusqu'à la fin de la session; le budget fut voté, parce que, comme je vous l'ai expliqué, on ne se décide presque jamais à le rejeter, quoique ce soit le moyen, pour la chambre des députés, de faire faire ce qu'elle veut. On ne trouva pas le mal encore assez grave pour lui appliquer un remède si violent, et les chambres étant closes, le ministère se trouva pleinement maître de faire ce qu'il voulut. Vous verrez dans ma prochaine lettre le bel usage qu'il fit de cette liberté.

LETTRE VI.

Je vous ai dit, mon cher Monsieur, comment le ministère du 15 avril, par son incapacité et son peu de volonté, avait empêché la réduction de la rente et entravé la mise en train des chemins de fer, deux choses des plus importantes qui, sans lui, auraient été décidées dans la session de 1838 ; mais ce n'est pas seulement nos affaires de l'intérieur qui étaient par lui compromises, vous allez voir aussi la manière dont il arrangeait nos intérêts avec les étrangers.

Vous vous rappelez que le gouvernement de la reine d'Espagne, notre alliée, fut abandonné aux attaques de ses ennemis quand le ministère, dont M. Thiers était le chef, aurait voulu la secourir. Eh bien ! le même système a dirigé toute la conduite du ministère dans les autres questions que nous avons pu avoir à traiter avec les différens-états de l'Europe.

Depuis 1830, nous avons formé une alliance très intime avec l'Angleterre. Elle a été la première à reconnaître Louis-Philippe après la révolution, et d'ailleurs, ayant un gouvernement constitutionnel comme le nôtre, elle doit naturellement avoir les mêmes idées que nous. Au lieu d'entretenir cette alliance qui nous est très avantageuse, en ce que l'Angleterre et la France marchant ensemble, on peut dire qu'elles sont maîtresses de l'Europe, le ministère a tout fait pour mécontenter le gouvernement anglais, qui est devenu excessivement froid avec nous.

Par compensation, le ministère s'est montré plein d'attentions pour les souverains absolus, y étant sans cesse poussé par le parti ultrà, qui voudrait établir chez nous un gouvernement pareil, et qui, par cette raison, s'entend très bien avec les rois ennemis de la liberté.

Ainsi, afin de complaire à l'empereur d'Autriche, le ministère, pendant l'absence des chambres, a abandonné la ville d'Ancône, que Casimir Périer avait fait occuper par les Français il y a sept ans, ce qui empêchait que les Autrichiens ne devinssent trop puissans en Italie.

Ainsi encore, pour complaire à la Russie, à la Prusse, à l'Autriche, et comme si nous avions peur d'elles, le ministère a abandonné la Belgique, notre alliée, dans une contestation qu'elle a avec le roi de Hollande, lequel prétend s'emparer d'une partie du territoire belge.

Vous remarquerez que cette affaire, qui est trop compliquée pour que je vous l'explique dans ses détails, dure depuis huit ans ; il y a huit ans, ce que veut prendre le roi de Hollande, tout le monde était consentant à le lui donner, et on lui a laissé huit ans de réflexion pour se décider. Aujourd'hui la Belgique a d'autres idées et demande un autre arrangement; on ne lui donne pas seulement six mois de répit; les puissances du Nord, qui sont toutes pour le roi de Hollande, ordonnent; et nous, qui devrions soutenir la Belgique, puisque le roi des Belges est le gendre de Louis-Philippe; nous, qui aurions pu au moins obtenir un délai, nous nous joignons aux rois de la sainte-alliance pour faire exécuter cet ordre rigoureux, et nous forçons le roi des Belges ou à se battre en désespéré contre toute l'Europe, ou à se dépopulariser dans son royaume en en livrant une partie à l'étranger.

Avec une pareille politique, qui sacrifie tous les rois constitutionnels, nos amis, et qui se montre timide et prévenante envers les rois absolus, nos ennemis, vous comprenez que le ministère n'a pas dû se faire beaucoup de partisans, cela, joint à la considération de sa conduite incapable et nuisible dans les affaires de l'intérieur, a été cause qu'il est tombé dans une impopularité dont on ne peut se faire une idée.

Quoiqu'il eût fait de très grands sacrifices d'argent et de places pour tâcher de faire taire les journaux, et qu'il eût essayé par la corruption de se gagner leur appui, un cri unanime d'indignation éclata contre lui.

Dans toutes les opinions, dans toute la presse, à la seule exception des journaux payés par lui, tout le monde fut d'accord pour lui reprocher son incapacité, sa facilité à se laisser dominer par le parti ultrà, son peu de respect pour la chambre des députés, contre le gré de laquelle il restait au pouvoir, ses complaisances pour la sainte-alliance, ses mauvais procédés envers l'Angleterre et les autres gouvernemens constitutionnels, nos alliés; il devint comme un ennemi commun contre lequel chacun se réunit : ce fut dans ces circonstances et avec ces dispositions que s'ouvrit la session.

La presse surtout, quand elle est aussi unanime, étant l'expression de l'opinion du pays, on devait naturellement s'attendre que la même unanimité de désapprobation se rencontrerait dans la représentation nationale aussitôt que les chambres seraient réunies. Cela ne manqua pas d'arriver, et c'est cette union de toutes les opinions contre le ministère qui a formé ce que l'on appelle la *coalition*. Il a été fait trop de bruit de cette affaire pour que vous n'en ayez pas entendu parler, et pour que je ne m'en explique pas avec vous un peu longuement.

Quoi de plus simple que de se réunir pour faire ce que l'on croit le bien du pays!

Dans les campagnes, quand un loup furieux désole les bergeries, et que l'on ne peut parvenir à s'en débarrasser, que se passe-t-il? Chacun quitte ses affaires, on prend un rendez-vous commun, puis de là on part pour faire une battue générale qui amène la destruction de la bête malfaisante.

La coalition n'est pas autre chose.

La bête malfaisante, c'est le ministère qui compromet tous nos intérêts, et dont on ne peut se défaire par les moyens ordinaires, puisqu'il ne tient pas compte des votes de la majorité de la chambre des députés et qu'il se cramponne au pouvoir.

Alors une idée toute simple vint en même temps aux députés de toutes les opinions. Voilà, se dirent-ils, une administration qui entrave toutes les affaires, qui nous brouille avec tous nos alliés, qui nous fait jouer en Europe le rôle de poltrons, et qui tend à faire que le gouvernement représentatif ne soit plus qu'une comédie, puisque le roi y sera tout et la chambre rien. Ce ministère, quand nous lui rejetons ses lois et que nous lui déclarons par là qu'il n'a pas notre confiance, persiste à gouverner. Il faut cependant qu'il cède la place à de plus habiles. Nous n'avons qu'un moyen.

Tous les autres résultats que nous poursuivons, chacun selon nos opinions, sont moins importans que celui de sauver le gouvernement représentatif qui est en péril, et la dignité du pays compromise à l'étranger. Ne nous occupons donc plus en ce moment que d'une seule chose : délivrons-nous de ce système déplorable, car le pays et le gouvernement constitutionnel avant tout.

La main sur la conscience, voyez-vous quelque chose de répréhensible à cette idée venue à tout le monde à la fois?

Une seule chose serait coupable, ce serait que cette coalition se fût faite par des vues d'ambition et pour s'emparer de la place des ministres. Aussi le ministère et ses amis, et ses journaux payés, n'ont-ils pas manqué de prêter ces vues intéressées aux coalisés; mais voyez un peu comme cette accusation est vraisemblable?

Il y a en tout huit places de ministres à donner, et il y a dans la coalition 213 députés, ce qui ne ferait pas un portefeuille par 28 députés.

D'ailleurs, les journalistes, qui s'étaient coalisés avant les députés, ont-ils aussi la prétention de devenir ministres? et tous les citoyens qui appuient cette manifestation ont-ils aussi cette même prétention?

Vous voyez donc que rien n'est plus mensonger que cette accusation d'ambition personnelle, d'autant mieux que vous avez vu M. Thiers et ses collègues, qui sont tous de la coalition, quittant volontairement le pouvoir, ce qui n'annonce pas, ce semble, beaucoup d'ambition. Je puis vous affirmer en outre que le roi, plusieurs fois, a proposé aux collègues de M. Thiers et à lui, aussi bien qu'à plusieurs hommes d'état de la coalition, de revenir aux affaires, et ils ne l'ont pas voulu, parce qu'on leur imposait une conduite politique qui ne leur convenait pas.

Les ambitieux ne se conduisent pas ainsi, ils prennent toujours sauf à s'arranger ensuite, mais les hommes consciencieux et qui veulent réellement le bien, voyant qu'ils ne pourront le faire comme ils l'entendent, aiment mieux rester hors du pouvoir, et c'est ce qu'ont fait ceux des membres de la coalition qui pourraient si facilement être ministres en sacrifiant leurs principes. D'ailleurs, comme je vous l'ai déjà expliqué, les hommes qui ont rendu le plus de services au roi et au pays, font tous partie de cette coalition, vous pouvez juger maintenant ce qu'il y a de vrai dans les reproches qu'on lui a adressés.

LETTRE VII
ET DERNIÈRE.

Au commencement de la session qui vient de finir brusquement, le ministère se trouva en présence d'une opposition très inquiétante pour lui.

Cette opposition, aussi formidable par le nombre que par les grands talens qu'elle renfermait, car les plus grands orateurs de la chambre en faisaient partie, ébranla le ministère dès la première séance.

Le ministère poussait un candidat pour la présidence de la chambre, l'opposition en poussait un autre: celui du ministère ne passa qu'à cinq voix de majorité.

Le lendemain échec bien plus grave.

Tous les ans le roi fait un discours en ouvrant les chambres et y expose la politique de son gouvernement.

En réponse à ce discours du roi les chambres rédigent une adresse dans laquelle elles approuvent ou désapprouvent la politique qui leur a été exposée.

Pour rédiger cette adresse la chambre choisit neuf de ses membres. Le ministère et toutes les opinions, vous le comprenez, attachent une grande importance à la nomination de ces rédacteurs qu'on appelle les *commissaires* de l'adresse, puisqu'ils peuvent y faire dominer les idées du parti au quel ils appartiennent.

Sur neuf membres savez-vous combien le ministère parvint à faire nommer de ses amis ? Trois seulement. En présence de ce fait seul, un ministère qui aurait eu un peu de dignité et le respect des usages représentatifs se serait retiré.

Rédigé par six membres de l'opposition de la nuance la plus modérée, le projet d'adresse blâmait sévèrement la conduite du ministère et signalait au roi les dangers d'une si mauvaise administration.

Alors le parti ultrà fit des efforts extraordinaires ; il commença à crier partout qu'on manquait de respect au roi ; qu'on voulait le forcer à changer un ministère qui avait sa confiance, qu'on mettait tout le gouvernement dans la chambre des députés, que la coalition était un ramassis d'ambitieux et de gens qui avaient changé d'opinion ; et comme le parti ultrà trouvait que la coalition était un scandale, (admirez sa conduite !) il chercha lui-même à organiser une contre-coalition, qui, avant même d'avoir discuté le projet d'adresse, se décida à le rejeter et s'engagea à voter contre tout ministère qui ne serait pas le 15 avril.

Certes cette seconde coalition était bien plus extraordinaire que la première, car on ne peut s'imaginer que l'on se coalise contre un ministère qui n'existe pas encore.

Composée des aides-de-camp du roi et des personnes de la cour qui sont assez nombreuses dans la chambre, la coalition ultrà eut avec elle ces députés qui votent toujours pour tous les ministères vivans, des fonctionnaires publics et un certain nombre de gens timides qui se laissèrent influencer par toutes les calomnies répandues contre l'opposition.

Du reste, si cette coalition était nombreuse, elle n'était pas brillante par la capacité, car, je vous l'ai déjà dit, presque toutes les intelligences les plus fortes de la chambre étaient du parti opposé. Il fallait même comprendre parmi les opposans M. Dupin, que le ministère avait poussé à la présidence de la chambre, et qui, en son ame et conscience, s'était cru obligé de déclarer par écrit que le ministère lui paraissait *insuffisant*, c'est-à-dire incapable de diriger les affaires. Vous voyez comment le ministère était traité, même par ses amis.

La discussion de l'adresse commença : elle fut tumultueuse, parce que la coalition ultrà était convenue d'interrompre tous les orateurs de l'opposition pour les empêcher de parler.

De magnifiques discours furent prononcés néanmoins par ces orateurs ; M. Molé, le chef du ministère, et le seul capable parmi ses collègues, fut presque seul à répondre, et il le fit faiblement, sa cause étant mauvaise.

Les argumens dont se servit surtout le ministère furent les personnalités et les calomnies.

Mais ce qui montra surtout combien le 15 avril avait peu le sentiment du vrai gouvernement constitutionnel, c'est le moyen désespéré dont il se servit en faisant descendre la personne sacrée et inviolable du roi dans le débat, et en osant dire que c'était à lui qu'il fallait reporter le blâme exprimé dans l'adresse contre la politique ministérielle.

On alla au vote : sur un des articles de l'adresse, où le 15 avril voulait faire approuver sa conduite vis-à-vis de l'étranger, il eut contre lui la majorité, qui déclara qu'il n'était *pas jaloux de la dignité de la France, et conservateur de nos alliances.*

Sur les autres articles il parvint, à l'aide de la coalition ultrà, à faire changer les paroles des commissaires, à quatre voix de majorité seulement; et comme précisément il y a quatre ministres qui sont députés, ce fut les quatre voix qu'il se donna à lui-même qui firent sa majorité.

Après ce résultat, la place n'était plus tenable, puisque l'opposition était aussi forte que le gouvernement. A la suite d'une hésitation dont jamais dans un pays représentatif on n'a vu d'exemple, le ministère déclara enfin qu'il donnait sa démission, et chacun crut qu'il quittait réellement les affaires.

Mais le parti ultrà intriguait, et aucune tentative sérieuse ne fut faite pour composer un nouveau conseil, on ne fit aucune proposition aux hommes politiques que l'opinion publique désignait pour le ministère. Le maréchal Soult fut seul appelé par le roi, et la négociation fut poussée si peu loin avec lui, qu'on ne peut pas même dire qu'elle ait été entamée.

En général, la formation d'un cabinet, à cause de la difficulté de trouver huit hommes politiques qui soient parfaitement d'accord, dure un mois à six semaines.

Cette fois, après cinq ou six jours d'attente, pendant lesquels encore le roi avait été deux jours en Normandie assister aux funérailles de sa fille, la princesse de Wurtemberg, et certes, pendant ce temps, il n'avait guère pensé à faire un ministère, le parti ultrà déclare que toutes les combinaisons ont été essayées, qu'elles sont toutes trop difficiles et que le roi ne peut composer un nouveau conseil. Alors le ministère démissionnaire ressuscite, et sur son avis le roi prend la détermination de cette dissolution qui vous a tant étonné, et qui est cause que je vous ai écrit ces lettres.

Cette mesure, vous pouvez le juger maintenant, était violente et contre l'esprit de la charte, puisque toutes les raisons qu'on a données pour la justifier, sont autant de mensonges, et qu'elle n'a eu pour but que de conserver au parti ultrà, malgré la chambre, son cher 15 avril dont il ne peut pas se séparer.

Mais enfin la chose est accomplie et maintenant vous avez un choix à faire pour la chambre qui s'ouvrira le 26 mars : récapitulons la situation.

Vous avez d'un côté une opposition composée, je ne saurais trop vous le répéter, de tous les anciens ministres qui ont pris part aux affaires depuis 1830, d'hommes qui ont donné les plus grands gages de dévoûment au roi et à la cause de l'ordre, et en outre des hommes les plus capables de la chambre.

De l'autre un parti ministériel où très peu de grands orateurs se font remarquer ; qui se compose de députés ayant voté pour tous les ministères sans distinction ; d'aides-de-camp du roi et des princes, de fonctionnaires de cour qui, selon l'habitude de tous les courtisans, veulent être plus royalistes que le roi, et enfin de députés qui, ayant des fonctions du gouvernement, se croient obligés de soutenir tout ministère existant.

L'opposition veut des ministres capables, ayant une volonté à eux, et non insuffisans, comme dit M. Dupin ; des ministres qui, possédant la majorité, c'est-à-dire la confiance de la chambre, marchent avec elle et fassent les affaires ; qui, au dehors, gardent fidèlement nos alliances constitutionnelles et ne nous rabaissent pas auprès des rois absolus.

Elle veut enfin que la chambre des députés qui, par le droit qu'elle a de lier ou de délier les cordons de la bourse, a été reconnue dans les idées de la charte pour le pouvoir le plus fort, ait le dernier mot dans les questions, et ne soit pas inquiétée dans la jouissance d'une suprématie, sans laquelle le gouvernement représentatif n'est plus qu'une comédie.

Le parti ministériel, au contraire, ne se soucie pas que les ministres soient habiles, ne regardent pas même s'ils sont soutenus par la majorité de la représentation nationale, et si par conséquent ils peuvent conduire les affaires du pays, il lui suffit que les ministres soient nommés par le roi, et il les soutient par cette seule considération.

Dans ce parti se rencontrent en majorité les hommes que nous avons appelés les ultras, qui rêvent pour le roi le pouvoir absolu, qui prétendent que le contredire, c'est lui manquer de respect, qui soutiennent ridiculement que la chambre a la faculté, mais n'a pas le *droit* de rejeter le budget, et qui, l'ayant ainsi désarmée, veulent qu'elle se soumette *sans conditions*, comme l'a dit un de leurs orateurs dans la discussion de l'adresse, au bon plaisir royal.

Vous avez vu que les doctrines de cette faction sont des plus dangereuses, puisque, tendant à dépouiller le roi de son inviolabilité en lui prêtant une volonté, et à priver le pays du droit de faire comme il l'entend ses affaires, elles commencent une lutte dont la dernière conséquence serait une révolution.

Ce parti a partout des ramifications; auprès du roi; dans le ministère où il siége en la personne de M. de Montalivet; dans les chambres où il est représenté par les aides de camp et les hommes de cour.

Vous avez vu son influence, puisque deux fois il a fait dissoudre la chambre pour garder le ministère incapable au dedans comme à l'étranger, dont la chambre ne voulait pas, et dont lui voulait précisément à cause de cette incapacité qui fait du 15 avril le plus humble et le plus obéissant des serviteurs.

Depuis que, contrairement à toutes les vraies conditions du gouvernement représentatif, la dissolution a été décidée, le parti ultrà a encore été plus loin, il a poussé le ministère à destituer deux fonctionnaires députés qui n'avoient fait aucun discours et qui avaient seulement voté avec l'opposition. Entre ces deux victimes, l'un est certainement l'homme le plus dévoué au roi qui soit dans tout le royaume; d'autres destitutions se préparaient encore pour terrifier les fonctionnaires, et l'on ne s'est arrêté que devant l'indignation publique qui a de toutes parts éclaté.

D'un autre côté, plusieurs préfets et sous-préfets voyant qu'ils seraient chargés par le ministère de faire nommer des députés de ce parti, ont mieux aimé sacrifier leurs places et ont donné leur démission.

Enfin on ne parle que des intrigues et des habiletés employées par le ministère pour fausser les élections; par exemple, on a imaginé de changer, en plusieurs départemens, le lieu de réunion du collége électoral pour que les électeurs, dérangés dans leurs habitudes et se trouvant plus éloignés du collége, ne vinssent pas voter.

Ce qui se passe aujourd'hui a des rapports bien tristes avec l'époque de 1829 et 1830 quand Charles X avait un ministère incapable et impopulaire, et que, pour le conserver, les ultras de ce temps le poussèrent à faire les ordonnances de juillet.

Heureusement Louis-Philippe n'est pas Charles X, et on a déclaré qu'il céderait si le vœu du pays s'était clairement manifesté.

Mais ne voyez-vous pas quels amis dangereux sont des hommes qui ont déjà amené la royauté à dire qu'elle se reconnaîtrait vaincue.

Dans un gouvernement vraiment représentatif, le roi ne peut être vaincu parce qu'il ne combat pas. Dire que le roi cédera, c'est dire qu'il a une volonté; or vous avez vu qu'il n'en peut avoir puisque les ministres veulent et répondent pour lui. Nous sommes donc, de l'aveu même des écrivains ministériels, hors du gouvernement représentatif et sur le grand chemin des révolutions.

En envoyant à la chambre des députés un homme imbu des idées que le roi doit dominer la représentation nationale, vous renforcerez le parti ultrà, et qui sait où ce parti, s'il conquérait la puissance, mènerait le roi et le pays !

En envoyant un député vraiment constitutionnel, respectueux pour le roi, mais aussi respectueux pour les droits de la chambre des députés, vous amènerez la formation d'un ministère composé d'hommes qui ont tous donné au roi les plus grandes preuves de devoûment, qui sont fermes et habiles, qui sauront négocier avec l'étranger de manière à ne pas avoir la guerre, car personne ne veut la guerre en Europe, mais aussi de manière à ne pas paraître reculer devant lui.

Avec ce ministère, l'inviolabilité royale sera assurée, car comme on assura que sa volonté est bien à lui, personne ne sera tenté d'attribuer ses actes au roi.

Avec ce ministère, au lieu de perdre le temps à des discussions dangereuses sur les droits de chaque pouvoir, et au lieu de dissoudre une chambre tous les dix-huit mois, on s'occupera d'affaires, de chemins de fer, de sucre de betterave et de tous les intérêts du pays.

Ne vous informez donc en ce moment que d'une chose, soit qu'on vous offre un ancien député, soit qu'il se présente un homme nouveau, sachez s'il veut vraiment le gouvernement représentatif, des ministres sérieusement *responsables*, et une royauté *inviolable*, avec toutes les conséquences que j'ai fait découler de ces deux mots. En choisissant dans ce sens, vous aurez fait l'acte d'un bon et sage citoyen, car toute la question est-là : le gouvernement représentatif ou le gouvenement absolu.

IMPRIMERIE D'ÉDOUARD PROUX ET Ce.,
3, RUE NEUVE-DES-BONS-ENFANS.

BIBLIOTHEQUE ROYALE
I

www.ingramcontent.com/pod-product-compliance
Ingram Content Group UK Ltd.
Pitfield, Milton Keynes, MK11 3LW, UK
UKHW021208230726
13926UKWH00001B/392

9 782014 058482